ADMINISTRATION GÉNÉRALE DE L'ASSISTANCE PUBLIQUE A PARIS.

RAPPORT

SUR LES RÉSULTATS OBTENUS

DANS LE TRAITEMENT DES ENFANTS SCROFULEUX

A L'HOPITAL DE BERCK-SUR-MER

(PAS-DE-CALAIS)

PAR M. LE DOCTEUR BERGERON

Médecin de l'hôpital Sainte-Eugénie, Membre de l'Académie impériale de Médecine

PARIS

PAUL DUPONT, IMPRIMEUR DE L'ADMINISTRATION DE L'ASSISTANCE PUBLIQUE

RUE DE GRENELLE-SAINT-HONORÉ, 45

1866

A M. A. HUSSON

Directeur de l'Administration générale de l'Assistance publique, Membre de l'Institut et de l'Académie impériale de Médecine.

Monsieur le Directeur,

Parmi les questions si nombreuses et si complexes que l'Administration de l'Assistance publique est sans cesse appelée à résoudre pour améliorer progressivement les services hospitaliers, il en est peu, je crois, qui soient plus dignes d'intérêt, et il n'en est pas, je le sais, qui aient plus vivement éveillé votre sollicitude que celles dont la solution tend à établir, sur les plus larges bases, la mise en traitement des enfants atteints de maladies chroniques, et particulièrement des scrofuleux.

En effet, tandis que les salles consacrées au traitement des maladies aiguës ou des lésions traumatiques suffisent presque toujours aux besoins de la population parisienne, parce que les malades y séjournent généralement peu, celles au contraire qui reçoivent les scrofuleux sont toujours insuffisantes, parce que, d'un côté, la plupart de ces malheureux enfants n'en sortent guéris ou n'y succombent qu'après un séjour de plusieurs mois, souvent même de plusieurs années, et que, de l'autre. la scrofule est, à Paris, la maladie chronique qui domine chez les enfants de la classe pauvre, comme la phthisie chez les adultes. A ceux qui, sur ce point, pourraient concevoir quelques doutes, il suffirait, je crois, d'assister à une seule consultation de nos hôpitaux pour être pleinement édifiés; mais des chiffres rendront la démonstration plus évidente ; or, des relevés officiels de l'Enfant-Jésus et de Sainte-Eugénie il ressort que chaque année, en moyenne, plus de 1,500 enfants se présentent à ces deux hôpitaux pour être admis au traitement interne ou externe (1). Ce déplorable état de choses est-il le triste apanage de Paris seulement, et devient-il ainsi un témoignage de l'insalubrité de notre ville ? Je ne le pense pas, car pour ne parler actuellement que de la France, il est bien certain que la scrofule s'y montre sur tous les points du territoire ; les relevés statistiques du ministère de la guerre en font foi, et ils prouvent, en outre, que dans la distribution géographique des scrofules, distribution fort inégale d'ailleurs, le département de la Seine occupe un rang assez éloigné au-dessous du département de la Nièvre, celui de tous qui compte le plus d'exemptions du service militaire pour cause de vice scrofuleux. Il résulte en effet de l'analyse des tableaux qui résument les opérations des conseils de révision pour le recrutement de l'armée (2), d'une part, qu'aucun département n'est complétement exempt de scrofules, et d'autre part, que sur cent mille jeunes gens examinés, le département de la Nièvre en garde près de trois mille (exactement deux mille neuf cents) que la maladie scrofuleuse, et plus souvent encore les lésions

---

(1) A. État des enfants scrofuleux qui se sont présentés à la consultation de l'Enfant-Jésus pour le traitement externe ou interne (du 15 mars 1864 au 31 décembre 1865).

(*Voir aux pièces. — Tableau A.*)

B. État des enfants scrofuleux, etc., etc., hôpital Sainte-Eugénie.

(*Voir aux pièces. — Tableau B.*)

(2) Je me suis servi des mêmes tableaux pour mon travail sur la géographie et la prophylaxie des teignes (*Annales d'hygiène*, janvier 1865), et je ne me suis pas dissimulé alors qu'il devait s'y glisser plus d'une erreur ; mais en les soumettant au double contrôle d'un rapprochement entre les chiffres relatifs à la teigne et ceux qui concernent la calvitie, puis d'une analyse des faits basée sur les données générales de la science, je suis bientôt arrivé à me convaincre, et je crois avoir démontré, que ces documents, s'ils ne sont pas l'expression de la vérité absolue, s'en rapprochent du moins assez pour qu'on puisse considérer comme exactes dans leur ensemble les conclusions qui en ressortent. — Pour ce qui regarde les scrofules, je n'ai pas les mêmes moyens de contrôle, mais les chiffres *minima* et *maxima* se représentent dans les mêmes départements avec une si persistante uniformité depuis plus de trente ans, c'est-à-dire pendant une période de temps qui a vu se renouveler annuellement le personnel médical des conseils de révision, ayant seul qualité pour classer les infirmités ou maladies des conscrits exemptés, qu'il me paraît impossible de ne pas accorder une valeur réelle aux données que ces chiffres mettent en lumière. Au reste, un témoignage assez inattendu est venu plaider en faveur de ces documents, en mettant hors de doute leur parfaite exactitude, au moins pour deux des départements les plus chargés de scrofuleux. Je trouve, en effet, dans la leçon d'ouverture du cours de clinique interne faite en novembre 1858 par M. Devay, l'un des plus éminents professeurs de l'École de Lyon, ce passage significatif : « Plusieurs d'entre vous se souviennent de la remarque que j'ai faite du grand nombre de « scrofuleux provenant de deux départements voisins, la Haute-Loire et la Nièvre ; les notes prises « depuis plusieurs années par nous semblent démontrer une influence endémique dans ces deux dépar- « tements pour le développement de l'affection scrofuleuse. » Or ainsi qu'on le verra plus loin, le département de la *Nièvre* est celui qui a le plus de conscrits exempts pour cause de scrofule, et le département de la *Haute-Loire* occupe après lui le quatrième rang sur les relevés du ministère de la guerre.

irrémédiables qu'elle laisse à sa suite, ont rendus incapables de servir, tandis que le département de la Seine n'en présente qu'un nombre trois fois moindre (1).

Je reviendrai plus loin sur cette intéressante question de géographie médicale, à laquelle je n'ai touché ici que pour montrer combien est peu fondée l'opinion assez généralement accréditée que Paris est par excellence le foyer des maladies strumeuses ; pour le moment, je me borne à constater que, sous ce rapport, bon nombre de départements — 19 — sont encore plus mal partagés que celui de la Seine (2), et j'ajoute que si on recherchait dans tous nos hôpitaux le lieu de naissance des scrofuleux qui y sont en traitement, ainsi que la date du début de leur maladie, on trouverait certainement le contingent de la province à peine inférieur à celui de Paris.

Je n'ai trouvé, et je crois qu'il n'existe aucun document étranger analogue à ceux que je viens de rappeler (3) ; il est donc impossible de savoir quel est au juste le degré de fréquence de la scrofule chez les autres nations de l'Europe ; mais il y a quelques raisons de penser que, sous ce rapport, elles ne sont pas plus favorisées que la France. Il n'est pas de médecin, en effet, qui, visitant les plages de l'Océan ou les eaux chlorurées sodiques de l'Allemagne, n'ait été frappé du nombre considérable de Russes, d'Anglais et d'Allemands qu'on y rencontre portant des traces indélébiles d'écrouelles ; or, si les classes aisées elles-mêmes comptent autant de sujets scrofuleux, on peut, de ce fait, conclure sans hésitation que les races slave, germanique et anglo-saxonne payent à la scrofule un très-lourd tribut, puisque, d'après Despine, les maladies strumeuses feraient six fois plus de victimes parmi les pauvres que parmi les riches (4). Mais cette notoriété, à peu près générale chez les médecins, aurait en définitive assez peu de valeur, si elle ne se trouvait confirmée par quelques données statistiques recueillies dans diverses contrées de l'Europe, et prouvant clairement que la scrofule y est endémique aussi bien qu'en France. Ainsi, d'après le docteur Philipps, (5) sur 133,721 enfants examinés dans divers districts de l'Angleterre, 33,271, ou plus de 24 sur 100, présentaient des

---

(1) Essai de statistique médicale sur les principales causes d'exemption du service militaire, par le docteur Devot. — Thèse inaug. 1855. — Ce travail a été reproduit par M. Boudin dans son Traité de géographie médicale.

(2) Voir à la fin de ce rapport le tableau de la distribution géographique des scrofules.

(3) Le seul document qui se rapproche de ceux que recueille, en France, le ministre de la guerre, est celui dont on doit la connaissance au docteur Philipps, et qui établit, sans entrer dans aucun détail que « sur 93,586 jeunes hommes qui se sont présentés aux bureaux de recrutement, 800, ou 1 sur 100 ont été refusés pour cause de scrofule. »

(4) Despine a constaté qu'à Genève les décès scrofuleux représentent les 6 millièmes des décès des riches, et les 34 millièmes des décès des pauvres.

(5) Philips : scrofula, its nature, its causes, its prevalence, London 1846.

marques certaines de scrofule ; en 1844, sur 3,249 détenus-*adultes* du sexe masculin, M. Baly aurait constaté l'existence de la scrofule chez 44 d'entre eux, ou 13,5 pour 1,000 ; à Amsterdam, le nombre des scrofuleux aurait été de 209 sur 395 enfants de l'asile des orphelins, ce qui donne l'énorme proportion de 52 pour 100 ; à Munich, cette proportion serait des deux tiers ; à Berlin, de 53 pour 100, et à Saint-Pétersbourg, de 40 pour 100 ; à l'hospice des enfants trouvés de Moscou, elle serait de 8 pour 100 seulement (1). Ce n'est évidemment pas avec de pareils chiffres qu'on pourrait tenter d'établir la distribution géographique des scrofules en Europe, mais il est impossible de méconnaître qu'au point de vue de la fréquence absolue de cette maladie en Angleterre, en Hollande, en Bavière, en Prusse et en Russie, ils ont une signification très-réelle, moins précise toutefois que celle qui ressort des tableaux dressés par Despine, et attribuant à la scrofule, pour le seul canton de Genève, le chiffre *léthifère* de 16 pour 1,000 décès, et le chiffre *mortuaire* de 3,2 pour 10,000 habitants (2) ; si l'on songe, en effet, que les formes bénignes de la scrofule sont de beaucoup les plus communes, et que les formes graves elles-mêmes, si redoutables par les déformations et les infirmités qu'elles produisent, entraînent rarement la mort, on admettra sans peine que cette proportion de décès doit répondre à un nombre considérable de scrofuleux ; il est permis de croire d'ailleurs, que le canton de Vaud en compte également beaucoup, puisque, dans l'espace de cinq années, le professeur Lebert a pu recueillir dans sa pratique civile et à l'hôpital de Lavey 537 observations de scrofule (3).

Quoi qu'il en soit et quelque rang qu'occupe en réalité la France dans la répartition des maladies scrofuleuses, un fait malheureusement reste acquis, c'est que les scrofuleux figurent dans la population de l'empire, et particulièrement dans celle de Paris, pour une proportion considérable, et qui mérite de fixer sérieusement l'attention des médecins hygiénistes aussi bien que celle des économistes.

Ce serait m'écarter étrangement de l'objet de ce rapport que d'exposer, et à plus forte raison de discuter ici les différentes théories qui ont été mises en avant pour expliquer la pathogénie des scrofules ; mais je puis dire du moins que celle qui rattache leur production, en dehors de l'hérédité bien entendu, à un ensemble de conditions hygiéniques mauvaises, telles que l'allaitement artificiel — surtout dans les grandes villes — le sevrage prématuré, une alimentation insuffisante sous le double rapport de la quantité et des propriétés nutritives, l'encombrement dans des logements froids et humides, où l'air et la lumière pénètrent à peine ; en un mot, à

(1) Boudin, géographie médicale. t. 2, p. 698.
(2) Despine : Essai de statistique mortuaire. 1858.
(3) Lebert : Traité de la scrofule.

un concours d'influences dépressives, est, sans contredit, celle qui s'accorde le mieux avec les faits. Sans doute, l'hygiène général des cités a fait d'immenses progrès, et celle des campagnes commence à entrer dans la même voie ; mais, à côté de ces vastes rues, de ces places splendides que l'air et la lumière pénètrent en tous sens ; au milieu des champs les mieux assainis par la transformation de la culture ; enfin, dans les contrées mêmes dont la salubrité est le plus renommée, l'incurie, l'ignorance, et surtout la misère, maintiennent encore entassées dans des réduits obscurs et infects, sans ressources suffisantes contre le froid et l'humidité, privées d'aliments réparateurs, de nombreuses générations d'enfants qui, plus tard, viendront à la porte des hôpitaux dérouler le lamentable tableau des manifestations aussi nombreuses que variées de la scrofule et du rachitisme. Assurément, le progrès des lumières et l'amélioration constante du sort des classes pauvres, ont pour effet d'apporter chaque jour quelque atténuation à ce triste état de choses, mais on peut prédire à coup sûr qu'il n'est pas près de finir; aussi ne saurait-on faire trop d'efforts aujourd'hui pour en neutraliser, au moins en partie, les fâcheuses conséquences, et c'est ici que la médecine pourra prêter à l'économie sociale son utile concours, en lui indiquant les moyens, non-seulement de remédier au mal présent, mais encore de préparer pour l'avenir les bases d'une sérieuse prophylaxie. Je me borne à indiquer ici le problème que, tôt ou tard, l'hygiène publique sera mise en demeure de résoudre, en me réservant d'ailleurs de reprendre la question à la fin de ce rapport.

Quel que soit le nombre des scrofuleux vraiment originaires de Paris, toujours est-il que le chiffre de ceux qui, chaque jour viennent demander à l'assistance publique les secours médicaux, est, d'une manière absolue, extrêmement élevé et, encore, celui que j'ai fait connaître plus haut, ne comprend-il pas les enfants qui reçoivent des soins à domicile ou à la consultation des bureaux de bienfaisance. Or, bien que l'ouverture de l'hôpital Sainte-Eugénie ait notablement amélioré la situation en augmentant le nombre de lits consacrés aux scrofuleux, et plus encore peut-être, en mettant à la portée de plusieurs des arrondissements les plus populeux, les ressources illimitées du traitement externe, il n'est que trop certain néanmoins que le nombre des enfants qui, en raison de la nature de leur lésion, ne peuvent trouver qu'à l'hôpital les soins que leur état réclame, ceux, par exemple, qui sont atteints de tumeur blanche, de carie vertébrale, de vastes ulcérations ou d'éruptions généralisées, tous ceux, en un mot, qui ont besoin soit d'un repos absolu, soit de pansements longs et délicats, est toujours de beaucoup supérieur à celui des places dont les hôpitaux peuvent disposer en leur faveur : de là trop souvent, une aggravation des maux que, maintes fois, la négligence des parents a déjà rendus plus difficiles à guérir, mais auxquels l'admission à l'hôpital, au moment où ils sont constatés par le médecin, permettrait encore d'imprimer les plus heureuses modifications, tandis que ce résultat devient plus malaisé et parfois impossible à atteindre lorsque l'entrée du malade a été trop longtemps retardée (1) ; de là, aussi quelquefois des récriminations toujours vives et souvent injustes, soit de la part des familles intéressées, soit de la part d'hommes ardents dont on ne peut méconnaître les sentiments généreux, mais oubliant dans leur zèle qu'une administration, si puissante qu'on la suppose, est tenue à une réserve et soumise à des règles qui, sans doute, font marcher d'un pas toujours trop lent, les améliorations sérieuses, mais qui ont aussi cet incontestable et précieux avantage d'éviter les essais aventureux, et les demi-mesures, inutiles au moins quand elles ne sont pas nuisibles, c'est-à-dire les plus sérieux obstacles au véritable progrès.

Ne semble-t-il pas, par exemple, qu'en ajoutant quelques bâtiments à chacun des hôpitaux d'enfants et en mettant ainsi le nombre des lits de scrofuleux en rapport avec les besoins d'une population qui depuis vingt ans s'est considérablement accrue, on eût facilement et complétement satisfait à tous les *desiderata*? Sans aucun doute; mais que fût-il advenu cependant, si tout d'abord, et dès que les nécessités nouvelles se sont révélées, on eût suivi cette voie, si nettement indiquée? Ceci probablement, que le budget de l'Assistance publique épuisé pour bien des années, par l'installation de nouveaux services, eût laissé l'Administration impuissante à réaliser les idées que la science devait lui suggérer plus tard, et dont la mise en pratique est destinée, selon moi, à exercer une influence considérable sur l'avenir de nos scrofuleux.

En temporisant, au contraire, en ménageant ses ressources, l'Administration a pu faire quelque chose de mieux que d'élever des pavillons supplémentaires à l'Enfant-Jésus et à Sainte-Eugénie : elle a pu, sur les indications du corps médical, placer hors de Paris une partie des scrofuleux et faire entrer ainsi dans leur traitement un élément précieux, un modificateur puissant, c'est-à-dire l'air pur des champs; on ne saurait donc trop le redire, ni le redire trop haut, ce fut une idée éminemment pratique, essentiellement médicale, que celle qui présida à la fondation de la maison de Forges, et c'est à notre regretté collègue Gilette, ainsi qu'à votre honorable prédécesseur M. Davenne qu'il est juste d'en reporter tout le mérite. Je ne veux même pas rechercher ici quelle part peut avoir dans la guérison des scrofuleux envoyés à Forges, leur immersion quotidienne dans une mare d'eau dite ferrugineuse et renouvelée à grand'peine une fois par semaine; je crois, pour ma part, qu'elle équivaut à peine à des immersions dans l'eau courante d'une rivière; mais, supposant même que la source ferrugineuse de Forges n'est qu'un leurre, je n'en déclare pas moins qu'au milieu des conditions d'hygiène qu'ils trouvent réunies dans cet éta-

---

(1) La décision qui, depuis un an, nous autorise à recevoir hors tour les scrofuleux dont l'état réclame des soins immédiats a notablement atténué ce grave inconvénient, mais elle ne l'a pas fait disparaître parce que les admissions d'urgence sont toujours limitées par le nombre des lits disponibles.

blissement, nos scrofuleux profitent mieux et plus vite de l'usage des médicaments qui leur sont administrés là comme dans les hôpitaux de Paris.

A ce point de vue, on ne saurait encore trop applaudir à la décision par laquelle, en 1862, vous avez ouvert les portes de la Roche-Guyon aux enfants scrofuleux, appelés ainsi à bénéficier des excellentes conditions d'hygiène de cette maison de campagne où, depuis dix ans, nos garçons convalescents de maladies aiguës vont chercher le rétablissement définitif de leur santé. Mais ces améliorations, quelque sérieuses qu'elles fussent, n'étaient que le prélude d'une mesure bien autrement importante, et dont tout l'honneur vous revient, je veux parler de l'installation d'un hôpital de scrofuleux sur le bord de la mer.

Les médecins peuvent différer d'avis sur la nature de la maladie scrofuleuse, sur sa pathogénie, sur la valeur relative des divers agents de la matière médicale usités pour la combattre, mais ils sont unanimes à reconnaître l'heureuse et puissante action qu'exercent sur elle les *Eaux salines, chloro-bromurées sodiques*, parmi lesquelles l'eau de mer occupe l'un des premiers rangs. Faire ici l'historique de cette médication, dont la première origine se perd dans un passé lointain, serait évidemment hors de propos, et d'ailleurs, il faut le dire, si dès le milieu du siècle dernier quelques écrits sérieux ont été publiés sur ce sujet, c'est de nos jours seulement qu'ont été scientifiquement constatés et démontrés les remarquables effets des eaux salines et de l'atmosphère maritime sur les différentes manifestations de la scrofule. Cette donnée thérapeutique étant admise — et vous l'avez très-justement acceptée comme une de celles qui sont aujourd'hui le mieux établies, — il restait à choisir, pour l'établissement du nouvel hôpital, entre l'une des sources chlorurées sodiques de France et les plages de la Manche ou de l'Océan; pour des raisons très-plausibles, que la suite de ce rapport fera tout naturellement connaître, la préférence a été donnée à une station maritime et, ainsi que je vais le montrer, les faits n'ont pas tardé à la justifier. Mais, avant d'aborder l'étude de ces faits, il n'est pas inutile d'indiquer rapidement par quelles phases a passé l'organisation d'un service qui fonctionne aujourd'hui avec une régularité parfaite et qui, je le crois, est destiné à devenir, dans un laps de temps plus ou moins long, un modèle que les administrations hospitalières de la province et même de l'étranger voudront imiter.

En 1846, sur la demande du médecin en chef de l'hôpital de Saint-Malo, le Conseil d'administration des hôpitaux de Paris consentit à envoyer aux bains de mer dix filles et dix garçons choisis dans la division des scrofuleux de l'Enfant Jésus; après trois mois de séjour seulement, les enfants rentrèrent à Paris, et déjà cependant des résultats extrêmement satisfaisants avaient été obtenus; j'ai sous les yeux les observations manuscrites recueillies par M. Hérard, alors interne de Baudelocque, au moment du départ des scrofuleux pour Saint-Malo et complétées par les annotations du médecin de Saint-Malo, ainsi que par l'énoncé des faits constatés au retour, et toutes témoignent du succès de l'expérience, en des termes si explicites.

qu'on a peine à comprendre qu'elle n'ait pas été poussée plus loin ou reprise à nouveau l'année suivante ; il faut, en effet, arriver à 1859 pour trouver trace d'une nouvelle tentative de l'ancienne Administration dans la voie où depuis vous vous êtes si résolument engagé à l'instigation du Dr Perrochaud, parce que vous avez compris de suite toute la portée des efforts auxquels il a, depuis près de dix ans, consacré son temps et ses peines.

Je tiens à rappeler ici l'origine de l'établissement de Berck, parce que ses modestes débuts qui, s'ils remontaient à une époque plus ancienne, auraient déjà pris la forme d'une légende, témoignent précisément du dévoûment et de la persévérance de ceux dont le nom reste attaché au commencement de l'entreprise.

Parmi les enfants assistés placés par l'Administration centrale dans l'arrondissement de Montreuil, il y avait en 1857. — comme en tout temps et en tout lieu pour cette malheureuse catégorie de sujets — il y avait, dis-je, bon nombre de scrofuleux, dont quelques-uns couverts de plaies si multipliées et dans un tel état de cachexie, que leur traitement était devenu très-dispendieux et leur guérison plus que douteuse; c'est alors que M. Perrochaud, médecin-inspecteur de l'arrondissement, qui, dans sa pratique particulière, avait pu constater déjà l'efficacité des bains de mer dans des cas de ce genre, s'entendit avec l'inspecteur divisionnaire, M. Frère, pour aviser au moyen de soumettre ces pauvres enfants à l'action du traitement maritime; les plus malades furent confiés aux soins d'une femme dont il faut conserver le nom, la veuve Duhamel, et qui, habitant à Groffliers, commune assez éloignée de la mer, transportait deux fois par jour ses pensionnaires, dans une brouette, jusque sur la plage, et là, après avoir baigné les enfants et lavé leurs plaies, refaisait un pansement complet. Au bout de quelques mois les résultats furent si remarquables, que MM. Perrochaud et Frère envoyèrent de nouveaux sujets à la veuve Duhamel, et dès le mois de juin, ils purent adresser à M. le Directeur de l'Assistance publique un rapport et des observations qui déterminèrent M. Davenne à faire poursuivre ces heureux essais, en les facilitant par l'envoi des enfants à Berck, c'est-à-dire sur le bord même de la mer. C'est le 26 mai 1859 qu'une autre femme, la veuve Brillard, consentit à recevoir chez elle des scrofuleux et à en prendre soin; bientôt le nombre des enfants fut accru et le succès se maintint si complet, qu'éclairé sur ces faits par un second rapport de MM. Perrochaud et Frère, vous fîtes diriger sur Berck trois religieuses de Boulogne, en leur confiant la direction du nouveau service. Mais on ne tarda pas à reconnaître que la maison particulière consacrée aux scrofuleux devenait insuffisante, et dès ce moment, les résultats vous parurent assez significatifs pour justifier une organisation plus large et la construction de bâtiments appropriés. En conséquence, ordre fut donné par vous de commencer les travaux au mois de février 1861, et grâce à l'intelligente activité de l'architecte à qui vous aviez confié cette tâche, dès le 2 juillet,—la première pierre ayant été posée le 24 mars,—cent enfants purent coucher dans le nouvel établissement, et quelques jours plus tard, le 8, vous pouviez procéder à son inauguration solennelle. Bonne journée pour tout le monde, pour nos scrufuleux d'abord, pour nous, médecins, qui désormais étions rassurés sur l'avenir du traitement maritime appliqué aux enfants des hôpitaux ; pour vous, Monsieur, qui dans cette première installation entrevoyiez déjà le germe, la raison d'être d'un établissement plus considérable, et aussi pour notre excellent confrère Perrochaud qui assistait enfin à la réalisation sérieuse et durable de son idée.

Le hasard, sans doute, avait eu une certaine part dans le choix de la plage de Berck, mais il s'est trouvé qu'en définitive on aurait pu difficilement en découvrir une meilleure.

Situé sur la Manche par 0,40 longitude O. et 50,20 latitude N., cette plage est circonscrite à l'Est par une zone de dunes dont la largeur varie de 100 à 400 mètres ; de la cime de ces dunes, on embrasse d'un coup d'œil une longue étendue de sable qui, mesurant de l'embouchure de l'Authie, au Sud, à celle de la Canche, au Nord, une ligne droite de 21 kilomètres, peut, par les plus fortes marées, avoir de 1,400 à 1,600 mètres de large, et présente en tout temps une surface unie, sans galets ni rochers. En arrière des dunes, et avant d'arriver au village qui donne son nom à la plage, on rencontre de fertiles prairies dues à des relais de mer. L'orientation de la plage est plein Ouest, de sorte que l'horizon n'est borné qu'au Nord par les falaises du Boulonnais, et au Sud par celles du Tréport et de Dieppe ; les marins du pays affirment qu'elle est à la fois préservée des vents froids du Nord et de l'Est et ne se ressent jamais des tempêtes qui soufflent du Sud-Ouest ; on comprend cependant qu'à cette latitude, la température du rivage ne soit jamais extrêmement élevée ; mais ce qui est constant et digne de remarque, c'est que par les plus grands froids elle ne s'abaisse jamais au-dessous de 9" et reste, la plupart des hivers, entre $+ 4°$ et $- 4°$; ainsi, le sable, celui même que n'atteint pas le reflux, n'est jamais gelé à une profondeur de plus de cinq centimètres. Qui ne reconnaît là l'influence de cette dérivation en retour du Gulf-Stream, qui, sous le nom de courant de Rennel, regagne l'Atlantique en longeant les côtes de France et d'Espagne ? Cette circonstance explique comment nos enfants peuvent, pendant la plus grande partie de l'hiver, continuer à vivre en plein air, sur la plage, et je n'ai pas besoin de faire ressortir l'importance de ce fait pour ceux de nos scrofuleux dont la maladie exige un traitement prolongé.

Un autre avantage bien précieux de cette plage, c'est qu'on n'y trouve aucun cours d'eau arrivant de l'intérieur des terres et pouvant apporter à marée basse un tribut infect et malsain de vase et d'immondices ; qu'on ne croie pas d'ailleurs que l'eau manque pour les besoins de la vie ; les dunes, en effet, offrent une large surface que les pluies traversent instantanément, rencontrant à un certain niveau des infiltrations provenant de l'Océan, et au-dessus desquelles leur densité beaucoup moins considérable leur permet de se maintenir. Au reste, pour donner toute sécurité sur l'approvisionnement de la maison, il suffira de dire que la puissance de la nappe d'eau douce varie, suivant la saison, de 1 m. 20 à 1 m. 60, et qu'en fait, même par des étés chauds et prolongés, l'eau n'a jamais manqué ; quant à la limpidité, à la fraîcheur et à la saveur de cette eau, nous pouvons, vous et moi, nous porter garants qu'elles ne laissent rien à désirer, pour l'avoir goûtée bien souvent, en toute saison et par tous les temps.

Si j'ajoute maintenant qu'il n'y a pas là de marais salants, que les sables sont fixes, ou du moins ne sont pas mouvants, et que chaque jour, la mer, en se retirant, laisse derrière elle de petits bassins formés par des accidents de terrain et dans lesquels les enfants trouvent des bains à eau calme, dont la température s'élève par fois jusqu'à 25°, j'aurai donné une idée complète des avantages inhérents à la plage elle-même, avantages qu'il est rare de trouver ainsi réunis et qu'on eût peut-être vainement cherchés sur quelqu'autre point de la côte, assez rapproché de Paris, pour que les frais de transport des enfants ne pesassent pas trop lourdement sur le budget de l'établissement; sous ce rapport, en effet, la position de Berck est encore très-heureuse, puisque ce village est relié par une route de six kilomètres à la station de Montreuil-Verton, qui n'est qu'à 5 h. 30 de Paris, par les trains-omnibus.

C'est à peu près au centre de cette magnifique plage que s'élève, adossé aux dunes, l'hôpital construit en quelques semaines par l'habile architecte de l'arrondissement de Montreuil, M. Lavezzari. Les bâtiments uniquement formés de planches de sapin, se composent de deux longs corps de logis dont le grand axe est perpendiculaire à la plage, et que relient l'un à l'autre, du côté de la mer, une galerie vitrée sur laquelle s'ouvre la chapelle et du côté des dunes, une construction basse consacrée aux divers services afférents à l'établissement. Le rez-de-chaussée des deux grands corps de logis sert de réfectoire, de salle de travail et de jeu ; les dortoirs occupent l'unique étage situé au-dessus. Complétement isolés, ces bâtiments reçoivent de tous côtés l'air et la lumière ; mais à vrai dire, les enfants n'y séjournent guère que la nuit, aux heures de repas et par les temps de pluie ou par les froids trop vifs, car lorsqu'ils quittent le bord de la mer, ils peuvent encore jouer et faire de la gymnastique en plein air, dans une sorte de préau compris dans l'enceinte de l'établissement.

Il y a donc là, abstraction faite de l'influence de l'atmosphère maritime, d'excellentes conditions d'hygiène que complète un régime alimentaire dont la composition est réglée chaque semaine par le médecin de l'hôpital, et se fait remarquer surtout par une variété que l'on serait heureux de retrouver dans tous les services hospitaliers.

La direction générale de la maison est confiée aux sœurs Hospitalières de St-François, sous la surveillance de l'inspecteur du service des enfants assistés de la circonscription de Montreuil-sur-Mer, et vous n'avez qu'à vous louer, je crois, de ce mode d'administration ; mais ce qui n'a pu vous échapper, ce qui nous a frappés surtout, M. Marjolin et moi, comme tous ceux de nos collègues qui ont visité Berck, c'est le dévoûment, je dirai plus, l'entrain avec lequel ces dignes filles soignent nos scrofuleux, les conduisant au bain deux fois par jour, se mettant à l'eau pour baigner les plus jeunes, encourager les plus craintifs, pansant leurs plaies, les rhabillant avant de changer elles-mêmes leurs vêtements mouillés ; puis le mauvais temps venu, ou aux heures de repos, devenant aussi ingénieuses à amuser les enfants par des exercices rhythmés ou des jeux variés, qu'elles ont été habiles et patientes pour faire leurs pansements.

Le choix d'un médecin pour le nouvel hôpital était ici fixé d'avance ; à qui en effet aurait-on confié un service de cette nature et de cette importance, si ce n'est à celui qui depuis plusieurs années avait si manifestement montré sa compétence, qui seul, pour ainsi dire, et en dépit des difficultés que lui créaient l'installation défectueuse des scrofuleux et l'absence d'organisation régulière, avait soutenu, développé même l'œuvre dont l'initiative lui appartenait tout entière et dont finalement il avait si bien prouvé la vitalité que vous n'avez pas hésité à la constituer de suite sur une base solide et à lui donner ainsi la portée d'une institution publique aussi durable que féconde. C'est donc aux mains expérimentées du docteur Perrochaud que vous avez remis les cent nouveaux pensionnaires de Berck, et je crois n'être que le fidèle interprète de l'opinion de tous ceux de mes collègues que le service des scrofuleux a mis comme moi , en rapport direct avec cet honorable confrère, je crois même rendre exactement la vôtre, en disant que le dévoûment aussi ardent qu'éclairé dont il a fait preuve dans ses nouvelles fonctions, est au-dessus de tout éloge.

Telle est, dans son ensemble, l'organisation de l'hôpital de Berck, et depuis sa création, le service a marché avec une régularité qui prouve que tout avait été bien conçu, et que tout a été bien conduit. Dans l'espace de quatre ans et demi, près de quatre cents enfants ont été dirigés sur Berck, et, après un séjour plus ou moins long sur la plage, sont rentrés à Paris ou dans les départements, guéris pour la plupart de la maladie locale, par laquelle s'était manifestée chez eux la diathèse scrofuleuse, et de plus, assez profondément modifiés dans leur constitution pour que le danger de voir reparaître de nouveaux accidents du même genre soit, à mon sens, à peu près conjuré. De pareils résultats sont assurément très-considérables, et l'établissement de Berck, dût-il être maintenu tel qu'il est aujourd'hui, qu'il n'en réaliserait pas moins un immense progrès et n'en resterait pas moins une des mesures les plus sérieusement utiles de votre administration ; mais ces résultats mêmes vous ont suggéré la pensée d'agrandir votre œuvre, et de la rendre aussi féconde que possible, dans la limite des ressources dont vous pouvez disposer ; vous avez donc décidé qu'à côté des bâtiments actuels, réservés pour une destination spéciale, et sur un vaste terrain depuis longtemps acheté dans cette prévision , s'élèverait un hôpital définitif pouvant recevoir cinq cents scrofuleux. Mais au moment de faire commencer les travaux, vous avez pensé qu'il ne serait pas sans intérêt de présenter un tableau sommaire de l'établissement que les constructions nouvelles et une organisation plus large reléqueront bientôt au second plan, ainsi qu'un aperçu très-succinct des résultats généraux que le traitement maritime de Berck a donnés jusqu'à ce jour, et c'est pour répondre à cette vue que, conformément à votre désir, je me suis chargé de la rédaction du présent rapport.

Vous n'attendez pas de moi, sans doute, que je résume ici les nombreuses observations recueillies à Berck ; elles constituent un recueil d'une importance considérable et avec lequel aucun de ceux qui témoignent de l'efficacité du traitement maritime de la scrofule ne pourrait, je crois, soutenir la comparaison; mais ce n'est pas ici le lieu d'étudier cette immense collection de faits au point de vue médico-chirurgical ; elle appartient d'ailleurs à l'honorable confrère qui en a recueilli la meilleure part, et c'est à lui que doit rester tout entier le mérite et le succès de sa publication; je me bornerai à vous signaler les résultats généraux.

Les mouvements de l'hôpital de Berck constatent les chiffres suivants pour la période qui s'étend du mois de juillet 1861, date de l'ouverture de l'hôpital, jusqu'au 31 décembre 1865 :

ENFANTS REVENUS DE BERK APRÈS TRAITEMENT.			
	GARÇONS.	FILLES.	TOTAL.
Du 1er juillet au 31 décembre 1861............	19	9	28
Pendant l'année 1862....................,,....	47	49	96
— 1863...........................	45	49	94
— 1864...........................	56	34	90
— 1865...........................	45	27	72
	212	168	380

Ces enfants se répartissent ainsi, entre les divers hôpitaux de Paris et le service des Enfants-Assistés :

Enfants envoyés par l'hôpital des Enfants-Malades.......	113	
— — Sainte-Eugénie.......	169	
— par le service des Enfants-Assistés	94	
Malades étrangers à ces trois établissements......	4	(1)
Total égal....................	380	

Or, du 1er juillet 1861 au 31 décembre 1865, 380 enfants scrofuleux ou rachitiques ont été envoyés à Berck, par l'Enfant-Jésus, Sainte-Eugénie et le service des Enfants-Assistes, soit de Paris, soit des arrondissements voisins de celui de Montreuil; la durée moyenne du séjour de ces enfants a été de neuf mois ; mais lorsqu'on entre dans l'analyse des faits, on reconnaît qu'en regard de quelques scrofuleux dont le séjour à Berck n'a été que de six à huit semaines, il en est d'autres, au contraire, qui ont passé plus d'une année sur la plage (2), les premiers, atteints seulement de scrofule bénigne, ou n'ayant à demander aux bains et à l'athmosphère maritime que la consolidation de leur guérison, les autres ayant à lutter contre ces formes profondes et rebelles de la scrofule qui ne guérissent qu'au prix d'une véritable transformation de l'organisme. Mais ces deux ordres de faits ont été évidemment des exceptions. Dans les premiers temps, vous le savez, faute de données assez précises pour fixer notre choix, nous avions, mes collègues et moi, indistinctement dirigé sur le bord de la mer toutes les formes de la scrofule, depuis les scrofulides de la peau et des muqueuses, jusqu'aux caries les plus profondes, et même jusqu'aux nécroses consécutives à la périostite suppurée ; mais peu à peu notre expérience s'est faite, et nous n'avons pas tardé à reconnaître que si l'action vivifiante des bains de mer et de l'air marin opérait chez tous nos enfants les plus heureuses modifications, il y avait cependant des lésions locales dont les unes étaient peu ou point modifiées, parfois même aggravées, tandis que d'autres résistaient invinciblement à la médication maritime ; c'est ainsi que d'une part, nous voyions rarement s'améliorer, le plus souvent s'exaspérer les blépharites chroniques, et, en général, les maladies des yeux, les éruptions d'eczéma simple ou impétigineux, et que d'autre part, les otorrhées, sans lésion osseuse, les caries étendues et plus encore les

---

(1) Savoir : 3 garçons, enfants de troupe du régiment des Guides.

1 fille, malade de Neck r, envoyée exceptionnellement sur la demande de M. le docteur D.lrech.

Total..... 4

(2) En 1865, par exemple, sur 76 enfants sortis ou décédés, 8 étaient restés en moyenne 27 mois à Berck.

nécroses profondes, restaient indéfiniment stationnaires, et par conséquent, maintenaient à Berck quelques enfants — dont plusieurs ne pouvaient se passer de l'intervention chirurgicale — sans bénéfice pour eux, au delà d'un certain laps de temps, et au détriment d'autres malades qu'un séjour beaucoup moins prolongé eût suffi à guérir. Dès lors, notre conduite fut nettement tracée, et depuis plus de trois ans, les enfants que nous envoyons de préférence au bord de la mer, sont ceux qui portent des engorgements ganglionaires, des abcès froids, des gommes scrofuleuses, des tumeurs blanches, et enfin les rachitiques, c'est-à-dire tous ceux pour lesquels nous pouvons espérer, sinon toujours la guérison, au moins une amélioration notable de la lésion. Je me hâte d'ajouter, cependant, qu'à plusieurs reprises, nous avons admis momentanément au bénéfice de l'atmosphère maritime, des mades que nous savions inévitablement condamnés à subir quelque mutilation importante, quelqu'opération grave, précisément dans le but de remonter l'organisme et d'assurer ainsi l'avenir des opérés ou du moins d'augmenter leurs chances de guérison. Il est une autre catégorie de malades, qu'à mon grand regret, je n'ai pu faire profiter, qu'en bien petit nombre du séjour de Berck, quelques avantages que, dans ma convictions, ils en dussent retirer: je veux parler des enfants atteints de carie vertébrale (maladie de Pott); des observations personnelles m'ont en effet démontré de la manière la plus péremptoire que le travail de résorption des abcès par congestion est singulièrement favorisé par le séjour au bord de la mer ; mais le décubitus prolongé, permanent, est, à mon sens, une des conditions les plus indispensables pour éviter la paraplégie, et enrayer dans une certaine mesure la courbure de la colonne vertébrale, et il est évident que la présence simultanée à Berck de plusieurs de ces malheureux enfants nécessiterait pour leur transport à la plage, deux fois par jour au moins, un personnel que les proportions modestes de l'établissement actuel ne permettent pas d'entretenir ; aussi ne sera-ce pas un des moindres bienfaits du futur hôpital que de rendre le traitement maritime possible pour les gibbeux qui occupent dans nos salles un si grand nombre de lits et s'étiolent forcément dans l'atmosphère nosocomiale (Voir aux pièces les tableaux C et D.)

Ces indications générales données — et elles étaient nécessaires, car elles permettent de simplifier l'exposé qui suit, — j'aborde les faits, et je constate que sur 380 enfants, 118 ont été envoyés à Berck pour des adénites chroniques, occupant le plus souvent, les régions cervicale et sousmaxillaire et consécutives, pour la plupart, soit à des éruptions du cuir chevelu ou de la face, ayant généralement disparu au moment du départ pour la mer, soit à d'anciennes lésions plus profondes des membres ou du tronc.

D'après ce que j'ai constaté moi-même sur le contingent d'enfants fourni par l'hôpital Sainte-Eugénie, je suis en droit de dire que ces 118 scrofuleux ont présenté toutes les variétés d'adénite chronique, depuis le simple engorgement de date peu ancienne, sans induration, jusqu'aux masses ganglionnaires infiltrées de matière tuberculeuse, avec ou sans ulcération de la peau. Or, quiconque a eu à traiter des écrouelles, sait quelle résistance l'adénite scrofuleuse, même dans ses formes les plus bénignes, oppose à l'action des agents de la matière médicale. Nous sommes donc autorisés à considérer comme un résultat remarquable que 85 de nos enfants aient été complétement guéris ; il importe d'ajouter d'ailleurs, qu'à l'exception d'un seul sujet qui a succombé, non pas à ses adénites, mais à un état de cachexie dont le traitement maritime avait été impuissant à enrayer les progrès . tous les autre (31) avaient vu leur état s'améliorer et auraient sans aucun doute grossi notablement le chiffre des guérisons, s'ils n'étaient rentrés prématurément à Paris, l'un renvoyé pour cause d'insubordination, d'autres réintégrés d'urgence à Sainte-Eugénie ou à l'Enfant Jésus, parce qu'ils avaient contracté la teigne tondante — 6 ont été dans ce cas — d'autres enfin retirés par leurs familles après un séjour insuffisant. Est-ce à dire que le Dr Perrochaud ait hérité du privilège des rois de France et fasse des miracles ? Qu'après avoir passé par ses mains, tout écrouelleux qui devait à sa propre pusillanimité et plus souvent encore à celle de sa mère, d'avoir le cou sillonné d'ulcérations irrégulières, à bords fongueux et décollés, ou de brides cicatricielles, soit assuré de quitter Berck avec une peau lisse ou avec des cicatrices linéaires ? Est-ce à dire enfin que l'air salin ait la merveilleuse propriété de dissoudre les indurations crétacées ? Hélas non, mais il dissout du moins les indurations simples, quelque anciennes, quelque volumineuses qu'elles soient , plus rapidement qu'aucun agent pharmaceutique et il est certain que sous l'influence du traitement maritime, des ganglions cervicaux ou sous maxillaires, complétement transformés en noyaux tuberculeux , ont disparu à la longue, sans laisser parfois d'autre trace qu'une induration mobile et indolente. Pour ma part, j'ai constaté plusieurs guérisons de ce genre chez nos pensionnaires de Berck, et pour n'être pas nouveaux, ces faits n'en méritent pas moins d'être signalés, parce qu'ils montrent tout le parti que la thérapeutique peut tirer des eaux salines dans le traitement d'adénites tuberculeuses auxquelles leur siége donne une gravité que ne présentent pas, à beaucoup près, celles des ganglions sous cutanés, je veux parler des adénites mésentériques et trachéo-bronchiques. Il ne faudrait pas croire d'ailleurs que par des succès bien constatés dans ce dernier ordre de faits, se trouvât résolue, *ipso facto,* la question si controversée de l'efficacité de l'imprégnation maritime , si je puis m'exprimer ainsi, contre la phthisie pulmonaire ; il y a, en effet, au point de vue clinique, des différences si tranchées entre le mode d'évolution du tubercule des ganglions viscéraux et celui du tubercule des viscères eux-mêmes, que de l'effet curatif obtenu dans le premier cas on ne peut vraiment pas conclure à un même effet dans le second. Quant à moi, je redoute l'air vif de la plage de Berck, comme de toutes les plages du Nord, pour les poumons atteints d'infiltration tuberculeuse, fût-elle à la période initiale et circonscrite dans les plus étroites limites ; aussi me suis-je fait une loi jusqu'à ce jour de n'envoyer au bord de la mer aucun enfant portant trace de tubercules pulmonaires, tandis que je n'hésiterais pas à y envoyer — le cas échéant — des malades chez lesquels j'aurais constaté l'existence d'adénites tuberculeuses du mésentère ou des bronches, à la condition toutefois qu'il n'y eût alors aucune complication phlegmasique.

Après avoir fait ma profession de foi à l'égard de la phthisie, je dois ajouter, pour être juste, que le Dr Perrochaud ne s'y rallie pas sans réserve, et il trouve la justification de ses doutes dans ce fait, que les maladies des voies respiratoires sont véritablement exceptionnelles à l'hôpital de Berck, même pendant la mauvaise saison, et bien que les enfants n'interrompent presque jamais leurs promenades sur la plage. Je ne crois pas, à vrai dire, que cette innocuité de l'air salin pour la muqueuse aérienne l'exonère de toute influence fâcheuse sur la marche des tubercules pulmonaires, mais je m'empresse de reconnaître qu'elle a une importance extrême, d'abord parce qu'elle permet à nos enfants d'hiverner sans rester enfermés dans les bâtiments, et parce que, en outre, elle est un témoignage de plus des propriétés toniques de l'atmosphère maritime ; quels sont, en effet, les scrofuleux qui de novembre en avril, peuvent impunément braver la bise ? Les mêmes qui, à Paris, les hivers précédents, encombraient les salles de consultation ou les lits de l'hôpital pour être traités d'interminables catarrhes de la muqueuse respiratoire.

Les écrouelles inspirent dans le public un sentiment d'effroi qu'expliquent suffisamment les cicatrices qu'elles laissent à leur suite, et le préjugé qui les fait généralement considérer comme contagieuses ; mais elles donnent rarement lieu à des accidents graves et sont en définitive beaucoup moins redoutables que la plupart des autres manifestations de la scrofule, que celles notamment qui se portent sur les extrémités des os longs, ainsi que sur les tissus mous périarticulaires et qui ont presque toujours pour résultat final d'apporter une gêne plus ou moins considérable dans les fonctions des membres, soit par suite d'ankylose, soit par suite d'atrophie musculaire, lorsqu'elles ne nécessitent pas l'amputation ou la résection. Or, 85 enfants atteints de cette dernière forme de scrofule, bien connue sous le nom de *tumeur blanche*, ont été admis à l'hôpital de Berck, les uns en bonne voie de guérison, — c'était le plus grand nombre, — d'autres arrivés à un état stationnaire, en dépit de la médication la plus rationnelle, quelques-uns enfin dans un état désespéré, au moins quant à la conservation du membre ; de ces 85 malades, 4 ont succombé, 3 à l'abondance de la suppuration et un à une complication de tuberculisation viscérale ; 13 enfants ont quitté Berck sans que la lésion locale fût sensiblement modifiée, quelques-uns pour cause de teigne, le plus grand nombre sur la demande des parents, les autres pour subir une amputation dont le traitement maritime avait rendu le succès plus probable en relevant les forces du malade. Parmi les 18 enfants qui, sans être complétement guéris, sont rentrés à Paris dans un état d'amélioration assez avancé pour qu'on pût raisonnablement compter sur une guérison ultérieure, il en est plusieurs dont l'observation présentera, j'en suis certain, un très-grand intérêt; arrivés, en effet, sur le bord de la mer dans un état digne de pitié, tant à cause de leur épuisement qu'à cause de la gravité des lésions locales, peu à peu, sous l'influence d'une atmosphère vivifiante, ces malheureux ont senti leur appétit se réveiller, leurs forces renaître; bientôt aussi on a vu les fongosités articulaires diminuer de volume, la suppuration se tarir, la plupart des trajets fistuleux se cicatriser; quelquefois même les articulations reprendre en partie leur mobilité. Ces faits, M. Perrochaud ne peut manquer de les publier, car ils constituent un appoint très-important, très-significatif, à ajouter aux cinquante cas dans lesquels le résultat a été complétement satisfaisant, et qui témoignent si éloquemment en faveur du traitement maritime; mais je ne puis résister au désir de signaler comme un exemple des plus beaux résultats obtenus à Berck, le fait d'un pauvre garçon de 14 ans, atteint de tumeur blanche de l'articulation scapulo-humérale droite, avec nécrose partielle de l'omoplate, et qui, après un séjour de 15 mois au bord de la mer, est rentré dans sa famille aussi plein de vigueur qu'il était languissant en la quittant, et ne présentant plus que des cicatrices résistantes et définitives à la place des trajets fistuleux par lesquels, pendant plus de trois ans, s'était écoulé un pus sanieux entraînant sous forme de petites granulations les portions exfoliées du scapulum.

J'ai dit plus haut pour quels motifs nous nous étions montrés très-réservés, mes collègues et moi, dans l'envoi à Berck des enfants atteints de carie vertébrale; je n'y reviendrai pas et je me bornerai à constater que sur les 38 gibbeux soumis à l'action du traitement maritime, 12 sont revenus complétement guéris; les abcès iliaques, ou même fémoro-iliaques, étaient résorbés, la santé générale était parfaite, enfin la marche était aussi libre, aussi facile que le comportait le dégré d'incurvation de la colonne vertébrale, incurvation sur laquelle, quoi qu'on ait pu dire à cet égard, la prothèse mécanique n'a pas de prise, lorsque la lésion osseuse est cicatrisée, et dont le décubitus dorsal prolongé peut seul arrêter, ou au moins ralentir les progrès pendant la période de suppuration des vertèbres malades. Deux autres enfants que la disparition de leurs abcès iliaquee, l'aisance de leurs allures, la vivacité de leurs mouvements et l'excellent état de leur santé m'avaient fait considérer comme guéris, sont revenus, au bout de cinq et sept mois, avec de nouvelles collections purulentes me demander un lit; chez tous deux, j'ai dû cette fois procéder à l'ouverture des abcès, mais la suppuration est devenue assez rare aujourd'hui pour que je puisse espérer la voir se tarir bientôt, ce qui me permettra d'envoyer de nouveau à Berck mes deux malades, avec des chances de guérison non pas supérieures, mais certainement égales à celles qu'ils présentaient lors de leur premier voyage.

Quoi qu'il en soit, ces deux faits ne peuvent figurer à l'actif du traitement maritime, et sous ce rapport, ils se rapprochent d'une série de dix-sept autres cas dans lesquels, pour des causes diverses, les enfants ont quitté la plage, certainement améliorés au point de vue de l'état général, plusieurs même avec un commencement de résorption de l'abcès par congestion, mais non encore guéris. Enfin six enfants, dont les abcès étaient ouverts, sont repartis un peu prématurément, il est vrai, sans avoir retiré aucun avantage de leur séjour au bord de la mer, et trois autres ont succombé à l'abondance de la suppuration.

En résumé, la proportion des guérisons (31 %) descend ici beaucoup au-dessous de celle que nous ont donnée les tumeurs blanches et surtout les écrouelles; mais si l'on tient compte de ce fait, qu'en raison de leur situation profonde, les vertèbres cariées ou tuberculeuses échappent à l'action de tout modificateur local, qu'un traitement général est absolument le seul qu'on puisse mettre en œuvre contre cette maladie qui, en définitive, sans être aussi redoutable qu'on l'a cru pendant longtemps, n'en est pas moins, soit par elle-même, soit par les complications qu'elle entraîne si souvent, l'une des plus graves dont puissent être atteints les scrofuleux, on ne fera pas de difficulté, je pense, pour reconnaître que ces résultats sont encore très-satisfaisants et bien dignes de fixer l'attention des médecins.

Pour constituer les trois catégories de scrofuleux qui précèdent, j'ai naturellement choisi les faits simples, c'est-à-dire ceux dans lesquels la scrofule s'était manifestée sous une forme à peu près exclusive ou assez prédominante au moins, pour que les lésions concomitantes pussent être négligées sans inconvénient ; mais, dans ceux qui me restent à étudier, les manifestations extérieures de la diathèse étaient si variées, si complexes, que je n'aurais pu les classer sans établir de nombreuses divisions et subdivisions, aussi inutiles dans un rapport de la nature de celui-ci qu'elles seraient indispensables dans un compte rendu essentiellement médical. J'ai donc réuni, sous la dénomination générale de scrofule à formes, ou plutôt à lésions multiples, des cas nombreux dans lesquels les scrofulides bénignes ou malignes de la peau et des muqueuses, — eczéma impétigineux du cuir chevelu, du nez, des lèvres, lupus du visage ou des membres, blépharite ciliaire, kérato-conjonctive, pustuleuse ou ulcéreuse, otorrhée, — les abcès froids du tronc ou des membres, la carie des côtes ou de la diaphyse des os longs, le *spina ventosa*, et dans quelques cas la nécrose, se trouvaient associés par groupes plus ou moins complexes, avec complication presque constante d'engorgement ganglionnaire. Or, pour cette série composée d'éléments si dissemblables, mais rattachés les uns aux autres par l'unité de la diathèse qui les avait engendrés , la proportion des guérisons a été de 63 0/0 (83 sur 132), et il n'est pas inutile de faire remarquer que parmi les 31 scrofuleux de cette même série, dont l'état général et l'état local ont été simplement améliorés, figurent à côté d'enfants atteints de lupus et d'otorrhée, la plupart de ceux qui avaient été envoyés pour des éruptions suintantes du cuir chevelu ou pour des ophthalmies chroniques. Neuf autres ont succombé, les uns à l'abondante suppuration qu'entretenait chez eux une carie des os et des membres, un autre à un entérite chronique, et un dernier enfin, atteint de carie costale, à une pleurésie tuberculeuse.

Le registre des observations recueillies à Berck ne signale que sept cas de rachitisme simple, c'est-à-dire dégagé de toute complication de scrofule proprement dite, et l'efficacité du traitement maritime contre cette maladie est si universellement reconnue, qu'on peut s'étonner au premier abord du petit nombre de rachitiques que nous avons fait profiter du séjour de Berck ; mais, vous le savez, Monsieur, les conditions actuelles d'installation de l'hôpital ne permettent pas d'y envoyer des enfants âgés de moins de cinq ans, et demandant par conséquent des soins de toute nature et de tous les instants ; or, c'est précisément dans les trois premières années de la vie que le rachitisme se montre d'ordinaire ; après trois ans, et à plus forte raison après cinq, c'est moins à la maladie elle-même qu'aux déformations qu'elle a produites que l'on a affaire, et quelque heureuse que soit l'influence exercée par l'atmosphère saline sur la santé générale des rachitiques à cette période, il faut reconnaître cependant qu'au point de vue du redressement des déformations osseuses, elle ne peut suppléer aux appareils de prothèse mécanique. Mais nous espérons que l'organisation plus large du nouvel établissement permettra l'admission de rachitiques plus jeunes et appelés, par cette raison même, à bénéficier du traitement maritime plus complétement qu'ils ne le feraient plus tard ; du reste, vous avez été vous même trop vivement frappé des résultats obtenus chez deux pauvres êtres, tout à fait informes au moment de leur arrivée à Berck, et devenus depuis des enfants robustes, pour que nous ne nous soyons pas assurés d'avance d'obtenir de vous, sur ce point, toutes les facilités possibles.

J'en ai fini, Monsieur le Directeur, avec la statistique de Berck, mais avant d'en résumer la signification générale, je voudrais appeler votre attention sur un fait que j'ai déjà eu l'honneur de vous signaler, dont vous avez parfaitement compris les inconvénients pour le présent et pour l'avenir et qui, bien que plus rare aujourd'hui que par le passé, se reproduit encore assez souvent pour que nous devions nous en préoccuper sérieusement: je veux parler de l'importation et de la propagation de la *teigne tondante* à l'hôpital de Berck. Je crois avoir démontré dans un autre travail que l'on peut et que l'on doit arriver dans un laps de temps plus ou moins long, à détruire radicalement les diverses espèces de teignes, et je sais que vous associant à ces vues, vous vous proposez de prendre, pour Paris du moins, un ensemble de mesures très-propres à arrêter la propagation de ces maladies parasitaires ; or, ce n'est pas au moment où nous préparons la réalisation de pareilles idées, que nous pouvons voir d'un œil indifférent la plus insidieuse, la plus tenace et par conséquent la plus redoutable des teignes se perpétuer dans l'un de nos établissements hospitaliers.

D'où est venu le mal? Cela est assez difficile à préciser, mais il me paraît très-probable qu'il est venu de Paris. Je sais bien, car c'est moi qui ai mis le fait en lumière, que le Pas-de-Calais est un des quatre départements qui comptent le plus d'exemption du service militaire pour cause de teigne (8,2 p. 1,000 hommes examinés), mais je sais aussi que c'est de la *teigne faveuse* qu'il s'agit dans ce cas, que cette espèce même est d'ailleurs excessivement rare dans la population maritime du village de Berck, et qu'enfin on n'a jamais constaté dans le pays un cas de *teigne tondante*, la seule au contraire que jusqu'à ce jour j'ai trouvée à l'hôpital des scrofuleux. Je crois donc pouvoir repousser l'idée d'une origine locale, aussi bien que celle d'une importation par les enfants assistés, qui, habitant toujours les communes rurales, ne sont exposés à contracter que la teigne des campagnes, la *teigne faveuse*, et il y a tout lieu de penser, en définitive, que le premier cas d'herpès tonsurant est venu des hôpitaux de Paris; aussi ne saurais-je trop sérieusement appeler votre attention sur la nécessité absolue, d'une part, de faire examiner avec un soin minutieux la tête des enfants, avant le départ pour Berck, afin de retenir tous ceux qui présenteraient des points suspects, et d'autre part, de soumettre les pensionnaires de l'hôpital à des explorations fréquentes pendant toute la durée de leur séjour, afin d'arrêter la propagation de la maladie par le renvoi immédiat de tout enfant atteint. Ai-je besoin d'ajouter qu'en insistant sur l'urgence de ces mesures de prophylaxie, je me préoccupe moins du danger, peu probable d'ailleurs, de voir la *teigne tondante* se propager au dehors de l'hôpital — les rapports de nos scrofuleux avec les enfants du pays étant complétement nuls — que de la nécessité de faire entrer dans le service des teigneux à Paris, qu'il soient guéris ou non de leur scrofule, les malades chez lesquels l'existence de la teigne aura été constatée ; n'est-ce pas en effet leur faire perdre en partie le bénéfice du traitement maritime que de les confiner de nouveau et pour de longs mois dans l'atmosphère nosocomiale?

Quels ont été, en résumé, les résultats de l'expérience tentée à Berck sur une si large échelle? quelles espérances ces résultats permettent-ils de concevoir pour l'avenir? C'est ce que je vais indiquer maintenant le plus brièvement possible.

Sur **380** cas, **234** guérisons, c'est-à-dire une proportion de 60 p. cent; **93** améliorations (**23** p. cent), **18** décès (4.6 p. cent), et **35** résultats nuls (9 p. cent), tels sont les chiffres bruts que reproduit le tableau **E**, et s'ils ne permettent pas de crier au miracle (1), car le traitement à l'hôpital, à l'aide de la médication reconstituante pourrait, je crois, revendiquer une proportion aussi considérable de succès, ils

---

(1) Il est permis de penser que le nombre des guérisons obtenues à Berck serait plus considérable si beaucoup de nos scrofuleux ne quittaient pas prématurément le bord de la mer, les uns parce qu'ils sont rappelés par leurs familles, les autres parce qu'il sont atteints de la teigne ; dans les hôpitaux de Paris, au contraire, les enfants restent jusqu'à guérison complète.

mettent du moins hors de doute l'énergie d'action du traitement maritime qui est employé à Berck à l'exclusion de tout autre. Là, en effet, il importe de le consigner dans ce rapport, la pharmacie ne figure que pour mémoire, et c'est à peine s'il en sort chaque année, quelques doses d'ipécacuanha et de bismuth pour parer à des états morbides accidentels ; la vie sur la plage, les bains deux fois par jour, du printemps à l'automne, quelquefois, et trop rarement peut-être, un peu d'eau de mer en boisson, une alimentation très-substantielle et très-variée et enfin quelques exercices gymnastiques, tels sont les éléments du traitement plus hygiénique que médical auquel nous devons tant de beaux succès. Mais ce qui fait avant tout la supériorité de ce traitement, ce qui fait son excellence, c'est la rapidité avec laquelle il active les fonctions d'assimilation et réveille la vitalité, c'est la puissance avec laquelle il imprime à tout l'organisme une modification assez profonde pour que dans l'espace de quelques mois, la plupart de nos scrofuleux soient véritablement transformés, et pour qu'on puisse même espérer de les voir désormais à l'abri d'une récidive. En effet et c'est un point sur lequel je ne saurais trop insister, en élargissant les bases du traitement des scrofuleux, vous avez répondu à l'indication la plus pressante, celle de diminuer rapidement le nombre des malades expectants ; mais en faisant profiter bon nombre d'entre eux des bienfaits de la médication saline, vous avez fait plus que de hâter leur mise en traitement et de rendre leur guérison plus prompte et plus durable, vous les avez placés dans des conditions d'hygiène et de traitement telles qu'il ne s'agit plus seulement pour eux de la disparition des manifestations actuelles de la scrofule, mais encore de la destruction de la diathèse scrofuleuse elle-même. Ce but a-t-il été atteint dans tous les cas de guérison ? Il serait peu sérieux de le prétendre ; mais qu'il puisse l'être très-souvent, surtout lorsque le nombre des lits du nouvel hôpital permettra de prolonger dans une certaine mesure le séjour des enfants au bord de la mer, c'est ce qui pour moi, comme pour mon collègue, M. Marjolin, ne peut faire l'objet d'un doute. Je ne crains donc pas d'être démenti si je déclare que les résultats obtenus et les espérances qu'ils donnent pour l'avenir justifient pleinement et le premier établissement de Berck et le projet d'agrandissement qui est aujourd'hui à l'étude.

Mais si des individus déjà en puissance de scrofule peuvent être à ce point modifiés, que ne devrait on pas attendre de la médication saline, si on pouvait soumettre à son action vivifiante les enfants chez lesquels des antécédents héréditaires suspects, certains états morbides aigus ou subaigus et l'ensemble de l'habitude extérieure, autorisent à soupçonner l'existence de la diathèse strumeuse et l'imminence de quelqu'une de ses manifestations. Certes, je ne me dissimule pas les difficultés auxquelles se heurterait la réalisation de cette idée, et il est facile de prévoir que la première de toutes, celle qui sera le plus malaisé de surmonter, est la question d'argent. Cependant, si on tient compte des cas de scrofule osseuse que la nécessité de l'intervention chirurgicale maintiendra toujours forcément dans nos hôpitaux de Paris, ainsi que de ceux qui, comme les scrofulides de la peau et de la muqueuse oculaire, ne sont pas favorablement modifiés par l'atmosphère maritime, on admettra bien que, tôt ou tard, un moment pourra venir où tous les besoins du service des scrofuleux étant satisfaits, il sera possible, sans augmenter d'un centime le budget de l'hôpital Berck, d'adjoindre à chaque convoi de scrofuleux un certain nombre d'enfants ayant séjourné dans nos salles pour des maladies aiguës de diverse nature, mais assez fortement entachés de lymphatisme pour qu'on doive redouter chez eux l'explosion de la scrofule, surtout si les ascendants portent des signes irrécusables de la diathèse.

Il ne s'agit toujours, vous le voyez, Monsieur le Directeur, que des enfants de nos hôpitaux ; mais entre ceux-ci et ceux de la classe aisée, il y a toute une catégorie d'enfants que la scrofule, latente ou manifeste, n'épargne guère plus que les enfants pauvres et dont les familles, incapables de supporter les frais d'un séjour au bord de la mer, s'estimeraient heureuses de trouver, pour un prix modique, une maison convenablement installée, bien surveillée surtout et dans laquelle les enfants pourraient, pendant plusieurs mois, jouir des bienfaits du traitement maritime. L'idée vous est venue depuis longtemps de consacrer à cette sorte de pension ou de maison de santé l'établissement actuel, dès que le nouvel hôpital serait livré aux scrofuleux de l'Assistance publique, et il est probable que si vous la mettez à exécution, l'industrie privée ne tardera pas à vous suivre dans cette voie. Mais, de quelque côté que vienne l'initiative de cette entreprise, il est certain qu'elle constituera un véritable progrès, en fournissant à la médecine préventive un puissant moyen d'action.

Dans l'exposé de ces vues, vous reconnaissez, Monsieur le Directeur, les tendances qui me ramènent invinciblement vers les questions de prophylaxie ; c'est qu'en effet, je ne sache pas qu'il y ait de plus beau sujet d'étude pour les médecins hygiénistes, et j'ajoute que parmi toutes celles qui méritent d'appeler leur attention, il n'en est peut-être pas une dont l'importance soit comparable à celle de la prophylaxie des scrofules, puisqu'il ne s'agit de rien moins que d'étouffer à l'état de germe, ou au moins d'arrêter dans son développement, un mal qui laisse trop souvent infirmes, défigurés ou difformes, les sujets qu'il n'a pas fait mourir ; un mal qui, se transmettant par hérédité, affaiblit graduellement les générations qui se succèdent dans une même famille, et finit même par éteindre les lignées qui ne se sont pas régénérées par des croisements heureux. Que par d'autres voies, l'économie sociale se propose d'atteindre le même but, je ne le conteste pas, et j'admettrai même, si on veut, que livrée à ses seules ressources, elle pourrait bien par la suite des siècles, arriver au succès ; mais je ne crains pas de trop m'avancer en affirmant que la médecine indique une voie et plus courte et plus sûre ; aussi bien, je ne veux pas opposer les deux sciences l'une à l'autre, car pour une pareille œuvre, ce n'est pas trop de leur mutuel concours ; que l'économie sociale, cet indispensable collaborateur de l'hygiène générale, prenne donc sa part de la tâche, la médecine saura bien accomplir celle qui lui incombe, quelque large qu'elle soit.

Mais lorsque, après avoir envisagé la question à ce point de vue général, la pensée se reporte sur la plage de Berck, et y trouve, je ne dis pas seulement le modeste hôpital de 1861, mais même le magnifique établissement dont les plans et l'exécution sont confiés au talent éprouvé de M. Lavezzari, elle reste déconcertée par la disproportion écrasante qu'elle constate entre la grandeur de l'œuvre et l'exiguité des moyens. Qu'est-ce, en effet, que la population scrofuleuse de Paris à côté de celle du reste de la France? Rien, ou au moins rien qu'une infime minorité, puisque le contingent de scrofuleux fourni par le département de la Seine n'est, d'après les tableaux du ministère de la guerre, que de 1.2 pour cent, par rapport au chiffre total des exemptions pour vice scrofuleux, sur 100,000 examinés. Lors donc qu'on aura construit Berck et qu'autour de cet hôpital modèle seront venus se grouper des établissements privés, fondés d'après les mêmes principes, pourra-t-on dire qu'on a fait beaucoup pour la régénération de l'espèce? Non, sans doute, si l'hôpital de Berck reste seul; mais oui, assurément, s'il devient le point de départ d'un vaste système embrassant toute l'étendue de l'Empire.

Évidemment, si on veut arriver à de grands résultats, il faut qu'on provoque dans tous les départements l'organisation de mesures analogues à celles dont l'Administration de l'Assistance publique aura pris l'initiative pour le département de la Seine. Mais, dira-t-on, ce que fait ce département, grâce à la puissance de ses ressources, bien peu parmi les autres le pourront imiter, et songer à la généralisation de pareilles entreprises, c'est, en vérité, faire trop bon marché des questions de budget. Assurément, s'il s'agissait de diriger sur une seule plage, ou même de disséminer seulement sur nos côtes les enfants scrofuleux de tout l'Empire, il y aurait dans l'ordre matériel, comme dans l'ordre moral, des difficultés insurmontables; mais, ainsi que je l'ai dit plus haut, tous les médecins sont aujourd'hui d'accord sur l'efficacité des *eaux chlorureés sodiques* dans le traitement de la scrofule, et si des raisons d'économie ont surtout déterminé l'Administration à préférer un établissement maritime aux établissements thermaux, il n'en reste pas moins démontré que les eaux salines sont tout aussi efficaces, — si dans certains cas elles ne le sont pas davantage, — que l'eau de mer et l'atmosphère maritime, et il résulte de ce fait que toutes les stations thermales de ce genre, sont autant de ressources mises à la portée d'un certain nombre de départements. Et si maintenant j'ajoute que les *eaux sulfureuses* constituent également l'un des plus puissants modificateurs que la médecine puisse diriger contre la scrofule elle-même, et plus particulièrement encore contre l'imminence des manifestations extérieures de la scrofule héréditaire, on conviendra sans peine que la question, si complexe au premier abord, et d'une solution si difficile en apparence, peut en réalité se simplifier.

4

Il suffit en effet de jeter successivement un coup-d'œil sur la carte qui représente la distribution géographique des scrofules, ou sur le tableau des exemptions pour vice scrofuleux, et sur la carte hydrologique de France, pour constater, d'une part, qu'à l'exception de quelques départements du centre, tels que le Loiret, le Loir-et-Cher, la Vienne, la Creuse et beaucoup plus au Nord l'Aisne, ceux qui comptent le plus de scrofuleux sont groupés pour la plupart au Sud et au Sud-Est, et au pied, pour ainsi dire, des Pyrénées, des Cévennes, des monts de l'Auvergne et des Vosges, tandis que les autres sont riverains ou très-rapprochés des côtes de l'Océan; et, d'autre part, que de ces différentes régions, les unes sont à proximité de la mer et les autres abondamment pourvues de ressources thermo-minérales, parfaitement appropriées au traitement de la scrofule. Ai-je besoin de rappeler à ce sujet que tout le versant septentrionnal des Pyrénées pourrait fournir des flots d'eau sulfureuse, sans compter les eaux salines de Salies, de Béarn et celles de Balaruc, pour toute la population du midi de la France, et que les sources sulfureuses, au moins, sont, dans cette région, si abondantes que, pendant l'été, on trouverait sans peine à côté des thermes fréquentés depuis longtemps par la population riche, des établissements naissants pour lesquels le choix de l'Administration deviendrait certainement une cause de succès; au Sud-Est, indépendamment des côtes de la Méditerranée, les eaux salines et sulfureuses qui émergent des Alpes, et avant tout, les eaux d'Uriage, qui participent aux propriétés des unes et des autres, recevraient les scrofuleux du Cantal, de la Lozère, de la Loire, de la Haute-Loire et du Rhône que les eaux de la Bourboule, consacrées plus exclusivement aux nombreux scrofuleux de la Nièvre, n'auraient pu admettre. Plus au Nord, Jouhe, Ecquevilley, Bourbonne, Bourbon-l'Archambault, Bourbon-Lancy et la station la plus importante de toutes, lorsqu'il s'agit du traitement de la scrofule, Salins, offriraient les plus précieuses ressources, complétées pour tous les départements du Nord-Est par les richesses thermominérales de Chatenois, de Niederbrunn, Forbach, Sierck, Mézières et Réthel. Sous le rapport des stations thermales, tout l'Ouest de France, depuis la frontière de Belgique jusqu'aux Landes, est beaucoup plus pauvre que les autres régions, mais, outre que les scrofuleux y sont généralement assez rares (1), excepté dans les départements du Nord, de l'Orne, des Deux-Sèvres, de la Dordogne et des Landes, il est évident que 1,200 kilomètres de côtes suppléeraient facilement pour les populations de ces provinces à la pénurie de sources minérales.

Je ne me dissimule pas, Monsieur, que ces indications générales, bien qu'elles soient de nature à prouver que le traitement et la prophylaxie de la scrofule par les

---

(1) Par une singulière coïncidence, le département du Pas-de-Calais, auquel appartient la plage de Berck, est précisément celui qui compte le moins de scrofuleux, c'est-à-dire 1 sur 1,000 examinés, tandis que l'Oise qui vient immédiatement après, en compte 4, et la Nièvre, le plus chargé de tous les départements, 29.

bains de mer, les eaux salines ou sulfureuses, peuvent être sérieusement organisés en faveur des classes pauvres, sans imposer des sacrifices trop lourds aux budgets départementaux, les seuls évidemment qui doivent supporter ces charges, je ne me dissimule pas, dis-je, que ces indications seront impuissantes à convaincre tout d'abord la plupart des conseils généraux de l'utilité et de la possibilité d'installer, soit sur les côtes, soit dans les thermes appropriés, des hôpitaux pour les scrofuleux de leur département; je ne fais même aucune difficulté de reconnaître que ces conseils, avant d'accepter aucune discussion sur de pareilles mesures, seront en droit d'exiger qu'on leur fournisse sur la distribution géographique de la scrofule des documents plus précis que les tableaux du ministère de la guerre, et notamment la répartition par canton (1) au lieu de chiffres bruts sur l'ensemble du département. Mais je vais plus loin, et je dis que même édifiés sur tous les points, les conseils généraux appelés à se prononcer sur cette grande mesure d'hygiène publique, hésiteraient sans doute encore à décider en principe son organisation si d'ici là, le département de la Seine ne devait se charger de fournir en faveur de l'idée, le plus puissant de tous les arguments, à savoir, sa réalisation sur la plus large échelle possible, par la construction du nouvel hôpital de Berck.

Cet établissement doit donc présenter ce double et immense avantage, d'abord de répondre à une nécessité pressante, celle de hâter la mise en traitement des scrofuleux de Paris, puis d'ouvrir la voie à des entreprises de même ordre, dont la généralisation sur divers points de l'Empire constituerait certainement l'une des œuvres les plus utiles, les plus fécondes de notre temps. Quel sort l'avenir réserve-t-il à cette œuvre de progrès? Je l'ignore, mais je ne puis me résigner à croire qu'elle soit destinée à rester indéfiniment à l'état de projet ; en tous cas, l'initiative prise par l'Administration de l'Assistance publique dût-elle être isolée, et l'exemple donné par le département de la Seine dût-il rester sans imitateurs, que le mérite d'avoir montré et frayé la voie, — et il vous est acquis, — n'en resterait pas moins considérable aux yeux de quiconque prend souci des progrès de l'hygiène publique.

Agréez, etc.

Signé J. BERGERON.

Paris, le 15 juillet 1866.

---

(1) A l'occasion de mon travail sur la prophylaxie de la teigne, j'ai déjà émis le vœu que la division par cantons fût introduite dans le relevé des opérations des conseils de recensement ; or, cette modification, qui est indispensable pour la teigne, serait aussi d'une grande utilité pour la scrofule ; déjà plusieurs médecins militaires, parmi lesquels je citerai M. le docteur Bertrand, ont entrepris d'analyser les tableaux du ministère par cantons et même par communes, et par l'intérêt considérable que présentent ces travaux, on comprend de quelle immense utilité serait une pareille étude sur chacun des départements de l'Empire.

ANNEXES

ANNEXE A.

ADMINISTRATION GÉNÉRALE DE L'ASSISTANCE PUBLIQUE, A PARIS.

HOPITAL DES ENFANTS MALADES.

ÉTAT des Enfants scrofuleux qui se sont présentés à la consultation de l'Hôpital des Enfants, pour le traitement Interne et Externe (du 15 mars 1854 au 31 décembre 1865).

ANNÉES.	TRAITEMENT INTERNE			TRAITEMENT EXTERNE			TOTAL GÉNÉRAL des traitements interne et externe.	OBSERVATIONS.
	Garçons.	Filles.	Total.	Garçons.	Filles.	Total.		
1854..........	150	128	278	169	242	411	689	
1855..........	187	166	353	119	196	315	668	
1856..........	161	162	323	155	223	378	701	
1857..........	174	154	328	154	160	314	642	
1858..........	187	157	344	140	139	279	623	
1859..........	190	166	356	129	98	227	583	
1860..........	196	162	358	121	98	219	577	
1861..........	202	191	393	118	104	222	615	
1862..........	230	205	435	220	217	437	872	
1863..........	225	217	442	270	190	460	902	
1864..........	268	195	463	268	229	497	960	
1865..........	310	265	575	230	260	490	1,065	
	2.480	2,168	4,648	2,093	2,156	4,249	8,897	

ANNEXE B.

ADMINISTRATION GÉNÉRALE DE L'ASSISTANCE PUBLIQUE, A PARIS.

HOPITAL SAINTE-EUGÉNIE.

ÉTAT des Enfants scrofuleux qui se sont présentés à la consultation de l'Hôpital Sainte-Eugénie, pour le traitement Interne et Externe, du 15 mars 1854 au 31 décembre 1865.

ANNÉES.	TRAITEMENT INTERNE			TRAITEMENT EXTERNE			TOTAL GÉNÉRAL des traitements interne et externe.	OBSERVATIONS.
	Garçons.	Filles.	Total.	Garçons.	Filles.	Total.		
1854	195	213	408	114	92	206	614	
1855	70	55	125	103	145	248	373	
1856	132	155	287	91	99	190	477	
1857	94	111	205	81	104	185	390	
1858	191	171	362	120	158	278	640	
1859	204	187	391	190	155	345	736	
1860	283	355	638	172	162	334	972	
1861	222	190	412	183	158	341	753	
1862	288	314	602	209	202	411	1,013	
1863	342	298	640	297	279	576	1,216	
1864	532	480	1,012	248	282	530	1,542	
1865	384	360	744	233	242	475	1,219	
	2,937	2,889	5,826	2,041	2,078	4,119	9,945	

ANNEXE C.

ADMINISTRATION GÉNÉRALE DE L'ASSISTANCE PUBLIQUE, A PARIS.

HOPITAL DES ENFANTS MALADES.

ÉTAT des Enfants atteints de maladies de Pott (carie vertébrale), qui ont été admis à l'Hôpital des Enfants, depuis le 15 mars 1864 jusqu'au 31 décembre 1665, et des Enfants présents à cette dernière date.

ANNÉES.	GARÇONS			FILLES			RÉSUMÉ DES SORTIES ET DÉCÈS			OBSERVATIONS.
	Sortis.	Décédés.	Total.	Sorties.	Décédées	Total.	Sorties.	Décès.	Total général.	
1854	8	1	9	4	1	5	12	2	14	
1855	12	3	15	12	2	14	24	5	29	
1856	2	5	7	3	1	4	5	6	11	
1857	3	8	11	3	1	4	6	9	15	
1858	3	6	9	2	4	6	5	10	15	
1859	3	»	3	3	»	3	6	»	6	
1860	1	2	3	1	1	2	1	3	4	
1861	5	»	5	5	»	5	10	»	10	
1862	8	3	11	10	3	13	18	6	24	
1863	12	3	15	6	»	6	18	3	21	
1864	8	»	8	4	1	5	12	1	13	
1865	7	1	8	7	»	7	14	1	15	
	72	32	104	60	14	74	131	46	177	
Enfants présents le 31 décembre 1865..	»	»	12	»	»	4	»	»	16	

ANNEXE D.

ADMINISTRATION GÉNÉRALE DE L'ASSISTANCE PUBLIQUE, A PARIS.

HOPITAL SAINTE-EUGÉNIE.

ÉTAT des Enfants atteints de maladies de Pott (carie vertébrale), qui ont été admis à l'Hôpital Sainte-Eugénie, depuis le 15 mars 1854, jusqu'au 31 décembre 1865, et des Enfants présents à cette dernière date.

ANNÉES.	GARÇONS			FILLES			RÉSUMÉ DES SORTIES ET DÉCÈS			OBSERVATIONS
	Sortis.	Décédés.	Total.	Sorties.	Décédées.	Total.	Sorties.	Décès.	Total général.	
1854	8	1	9	4	5	9	12	6	18	
1855	18	1	19	7	2	9	25	3	28	
1586	15	5	20	4	1	5	19	6	25	
1857	7	4	11	9	2	11	16	6	22	
1858	3	1	4	2	2	4	5	3	8	
1859	8	4	12	8	»	8	16	4	20	
1860	9	3	12	8	1	9	17	4	21	
1861	7	3	10	3	»	3	10	3	13	
1862	14	2	16	14	7	21	28	9	37	
1863	9	7	16	11	2	13	20	9	29	
1864	5	3	8	5	2	7	10	5	15	
1265	4	2	6	8	3	11	12	5	17	
	107	36	143	83	27	110	190	63	253	
Enfants présents le 31 décembre 1865..	»	»	26	»	»	9	»	»	35	

ADMINISTRATION GÉNÉRALE DE L'ASSISTANCE PUBLIQUE, A PARIS.

HOPITAL DE BERCK.

RESULTATS généraux obtenus dans le traitement des Enfants scrofuleux, de 1861 à 1865.

	GUÉRIS.	AMÉLIORÉS.	ÉTAT STATIONNAIRE.	DÉCÈS.	TOTAUX y compris les TEIGNEUX.	TEIGNEUX.	OBSERVATIONS.
Scrofule ganglionnaire.........	85	24	7	2	118	6	
Tumeurs blanches (membres supérieurs.	21	8	5	»	34	7	
(membres inférieurs..	29	10	8	4	51	3	
Carie vertébrale.............	12	17	6	3	38	7	
Scrofule à manifestations multiples..................	83	31	9	9	132	5	
Rachitisme.....	4	3	»	»	7	»	
	234	93	35	18	380	28	

380

Annexe F.

ADMINISTRATION GÉNÉRALE DE L'ASSISTANCE PUBLIQUE A PARIS.

DÉPARTEMENTS CLASSÉS D'APRÈS LE DEGRÉ DE FRÉQUENCE DE LA SCROFULE.

Proportion des exemptions pour scrofule sur 100,000 examinés.

1	Nièvre	2901	44	Charente-Inférieure	852
2	Nord	2809	45	Ardèche	849
3	Cantal	2683	46	Meuse	818
4	Lozère	2031	47	Mayenne	838
5	Haute-Loire	1999	48	Côtes-du-Nord	832
6	Oise	1809	49	Loire-Inférieure	823
7	Loire	1720	50	Cher	826
8	Deux-Sèvres	1689	51	Jura	824
9	Landes	1591	52	Sarthe	819
10	Rhône	1512	53	Bouches-du-Rhône	806
11	Haut-Rhin	1485	54	Haute-Saône	800
12	Vosges	1315	55	Calvados	796
13	Loiret	1305	56	Seine-Inférieure	794
14	Hautes-Alpes	1158	57	Corrèze	786
15	Aveyron	1153	58	Ardennes	784
16	Aube	1140	59	Haute-Marne	770,9
17	Orne	1114	60	Aude	770,2
18	Aisne	1112	61	Seine-et-Oise	761
19	Puy-de-Dôme	1097	62	Lot-et-Garonne	460
20	Seine	1076	63	Gard	718
21	Moselle	1047	64	Ille-et-Vilaine	711
22	Saône-et-Loire	1027	65	Doubs	704
23	Dordogne	1023	66	Meurthe	699
24	Bas-Rhin	1018	67	Seine-et-Marne	693
25	Creuse	1006	68	Tarn-et-Garonne	687
26	Isère	1004	69	Vaucluse	669
27	Allier	1000	70	Haute-Vienne	663
28	Arriége	990	71	Yonne	656
29	Manche	984	72	Hautes-Pyrénées	653
30	Basses-Pyrénées	978	73	Haute-Garonne	650
31	Loir-et-Cher	968	74	Indre-et-Loire	629
32	Somme	959	75	Hérault	623
33	Drôme	938	76	Morbihan	605
34	Vienne	931	77	Eure	598,9
35	Lot	930	78	Charente	598,5
36	Eure-et-Loire	928	79	Indre	591
37	Vendée	909	80	Gers	572
38	Finistère	905	81	Basses-Alpes	523
39	Ain	902	82	Var	506
40	Maine-et-Loire	887	83	Gironde	484
41	Tarn	886	84	Pyrénées-Orientales	460
42	Côte-d'Or	866	85	Corse	452
43	Marne	855	86	Pas-de-Calais	118